INTERVENTION

DE LA FRANCE

DANS LE

RIO-DE-LA-PLATA.

MOTIFS ET MOYENS.

L'Opposition de l'Angleterre à une intervention armée pourrait-elle aller jusqu'à poser un CASUS BELLI?

PAR M. JOHN LE LONG,

CONSUL GÉNÉRAL, DÉLÉGUÉ DE LA POPULATION FRANÇAISE DE LA PLATA.

Nos Français surtout affectionnaient le séjour de la République Orientale. Il y en avait plus de milliers dans ce petit pays que de centaines dans l'immense République Argentine.

Les mêmes causes qui expliquent la prospérité, malheureusement passagère, de Montevideo, expliquent aussi la guerre féroce et persistante que Rosas a faite et fait encore à cette ville.

(Extrait d'un Mémoire adressé de Montevideo, en mars 1487, au ministre des affaires étrangères par le plénipotentiaire de France, M. Deffaudis. — (*Questions diplomatiques,* 1849).

PARIS.

IMPRIMERIE DE MADAME DE LACOMBE,

RUE D'ENGHIEN, 14.

1849.

INDEX.

« Quant à la guerre dans la Plata, elle devait avoir pour but, non seulement de maintenir, conformément à des traités signés par nous, l'indépendance de la République Orientale, dont Montevideo est la capitale,
mais aussi de sauver la florissante et profitable colonie européenne qui
s'était formée sur le territoire de cette République. Or, nous ne nous
sommes décidés à cette guerre qu'après que l'armée d'invasion, envoyée
par Buénos-Ayres dans la République Orientale, avait déjà ruiné et dé-
truit, en grande partie, la colonie européenne ; puis nous l'avons ensuite dirigée avec des moyens tellement insuffisants que , loin de porter
remède au mal, nous n'avons fait que l'entretenir et l'aggraver. . . . »

« Montevideo, dix années seulement après son affranchissement, dans
l'année 1838, a commencé à offrir le spectacle d'un développement de
richesses inoui. . . . . »

« Les émigrans européens avaient plus que doublé l'étendue de Montevideo. Hors de l'enceinte de la vieille ville, ils en avaient construit
une nouvelle dont certaines rues seraient estimées belles à Paris. Lors
de l'invasion argentine, Montevideo avait 50,000 habitants, et, sans cette
invasion, elle aurait maintenant 100,000 âmes et serait la ville la plus
commerçante et la plus riche de l'Amérique du sud. Les Européens s'é-
taient ensuite répandus dans la campagne, y avaient établi des fermes
(estancias) et des abattoirs (saladeros) pour l'élève et l'exploitation des
bestiaux. Tout cela s'était fait en cinq ans. Si elle eût joui seulement de
dix années semblables, la Bande-Orientale eût été, sans aucune compa-
raison, après les États-Unis, le plus riche consommateur des produits
d'Europe. . . . . »
« En 1842, on a vu en rade de Montevideo jusqu'à cent seize bâtiments
français réunis, dont vingt-un chargés partaient le même jour . . »

« Sur le territoire de la République Orientale, nos bergers et nos laboureurs basques se regardaient comme chez eux, et ils y avaient con-
servé toutes leurs habitudes nationales ; se mariant entre eux, travail-
lant toute la semaine, allant le dimanche à l'église et le soir se diver-
tissant au jeu de balle ou à la danse, toujours proprement vêtus du
costume de leur pays; employant leurs premières économies à acheter
ou à bâtir une maison, portant ensuite les autres chez un de nos plus
riches négociants, pour qu'il les fît passer en France à leurs familles ;
nos laboureurs et nos bergers basques, sans compter les négociants, les
marchands et les ouvriers venus des autres parties de la France, auraient
formé, à eux seuls, une colonie digne de tout l'intérêt de la mère-patrie.

Questions diplomatiques par M. DEFFAUDIS, ancien pair de France et
ministre plénipotentiaire. 1849.

A MESSIEURS LES MEMBRES

DE L'ASSEMBLÉE NATIONALE.

Depuis bientôt dix ans, soit en qualité de délégué des populations françaises établies au Rio-de-la-Plata, soit en qualité de consul général, et momentanément chargé des affaires de la République Orientale de l'Uruguay, il m'a été réservé de défendre et les intérêts de cette population, dont l'activité avait ouvert à la mère-patrie des débouchés si importants et si précieux, et l'existence d'un État allié qui supporte, depuis si longtemps, tous les malheurs et les désastres d'une lutte inégale et d'une guerre injuste, pour avoir embrassé, avec confiance et dévouement, la cause de la France.

Je me suis senti honoré de cette noble mission. Je l'ai remplie sinon avec talent, au moins avec une entière abnégation. Je le devais; l'honneur de la France, la fortune et la vie d'un grand nombre de mes compatriotes sont intéressés au succès.

Mais une voix, qui a plus d'autorité que la mienne, vient de se faire entendre au sein de la commission des crédits supplémentaires, celle du général Pacheco y Obès, envoyé extraordinaire de la République Orientale auprès du gouvernement français. La noblesse de son caractère, sa rare capacité et la part qu'il a prise à tous les événements, sont connues; ses paroles sont venues confirmer tout ce que j'avais dit et publié.

Au moment où ma mission va enfin aboutir à un résultat, où l'assemblée va prendre une décision définitive, réclamée avec tant d'anxiété, j'ai cru nécessaire d'appeler l'attention de MM. les Représentants sur le résumé succinct de toutes les phases de cette affaire, que j'ai eu l'honneur de présenter à MM. les membres de la commission des crédits supplémentaires.

J'attends, avec une respectueuse confiance, le vote de l'Assemblée législative, qui ne peut être inspiré que par les sentiments d'humanité, de véritable patriotisme, d'honneur national dont elle est pénétrée.

J. LE LONG.

Paris, 1ᵉʳ Novembre 1849.

Les Français de Montevideo ne sont point des aven-
turiers qui prennent volontiers les armes , mais une
population laborieuse attachée au sol. Ces braves compatriotes ont porté haut le nom de la France ; ils ont
ajouté à la gloire de notre pays.

(*Moniteur. Discours* de **M. Lerembourg** , séance du
30 avril 1849.)

C'est une population empruntée à nos populations
agricoles et viriles du midi, des plus énergiques et des
plus honorables....

A quelque point de vue que vous envisagiez la question, l'intérêt et l'honneur de la France y sont engagés.
Les traités sont violés , les droits de nos compatriotes
sont violemment méconnus, et l'intérêt français , au
point de vue de la colonisation, au point de vue indus-
triel, au point de vue commercial, prend une importance si considérable, qu'il y aurait, à l'abandonner ,
une véritable trahison.

(*Moniteur*, *Discours* de M. Aylies, séance du 30
avril 1849.)

Le soussigné, délégué de la population française établie sur les rives de
la Plata :

Ayant été appelé à l'honneur de donner, devant la commission des crédits supplémentaires, des renseignements et des explications sur les affaires
de ce pays; et ayant été chargé par MM. les membres de cette commission
de répondre, par écrit, à certaines questions qui lui ont été adressées ;

Se croit autorisé à remettre sous leurs yeux, en peu de mots, le récit des
principaux événements qui se sont succédé dans ces contrées depuis 1837,
et à déduire les conséquences que ces faits entraînent nécessairement pour
arriver à une solution réelle de cette grave affaire.

1° Pour obtenir réparation des exactions dont grand nombre de Français
ont souffert (1), la France, en 1838, déclare la guerre au Dictateur de

(1) Rosas est parvenu au pouvoir en 1830 ; il a voulu, presqu'immédiatement,
étendre aux citoyens Français les effets de son despotisme. Par le traité du 29 octobre 1840, des indemnités ont été stipulées et en partie réglées. Mais le dictateur a
fait payer cher à nos concitoyens les diverses sommes par lui versées en vertu de
cette convention. Il en est résulté que les réclamations françaises s'élèvent aujour-
d'hui à plus de 25 millions de francs.

Il existe, au ministère des affaires étrangères, un travail complet à ce sujet. Les réclamants se divisent en plusieurs catégories, qui comprennent les divers dommages
et sévices du gouvernement de Rosas.

Buénos-Ayres. On reconnut bientôt l'immense difficulté, pour ne pas dire l'impossibilité d'entreprendre cette guerre, sans l'appui et le concours de la République Orientale de l'Uruguay.

En octobre 1838 (1), ce dernier Etat, cédant aux sollicitations des agents du gouvernement français, prit fait et cause pour nous.

C'est donc la France qui l'a entraînée dans la lutte qui lui a été si fatale et qui causerait sa ruine, si nous hésitions à lui prêter un puissant appui.

2° En 1840, la France fait, avec la République Argentine (Buénos-Ayres), un traité très avantageux pour cet état. Les intérêts de la République Orientale n'étaient pas ménagés avec la même sollicitude. Cependant, Rosas n'a ni respecté ce traité ni exécuté ses clauses, parce qu'il garantissait l'indépendance de la République Orientale, et que, dans l'intérêt de sa politique personnelle, le Dictateur ne peut être satisfait que par la ruine de Montevideo et l'extension de son autorité sur toute la rive gauche de la Plata.

Ses projets devaient d'ailleurs avoir un autre but, celui d'arrêter l'immense développement que prenait le mouvement commercial de l'Europe ,

1° Les déprédations et violences exercées, sur le territoire Argentin, avant le traité du 29 octobre 1840, dont ont souffert, entr'autres, MM. Gascogne, Bergeire, Favier, Rousse, Etcheverry, Faucon et Varangot ; ce dernier a été assassiné par ordre de Rosas pour l'empêcher de donner suite à ses réclamations.

2° Le pillage des propriétés françaises sur le territoire Oriental, lors de l'invasion de l'armée rosiste en 1839. Cette classe de réclamants comprend MM. Pernin, Simon, Garaté, Sulgen et plusieurs autres.

3° Les spoliations exercées sur le territoire argentin, par Rosas ou par ses agents, après le traité du 29 octobre 1840. Cette catégorie est très nombreuse. Elle comprend, parmi les spoliés, MM. Gascogne, Bergeire, Henry et Jean Rocque, Auguste Favier, Choudans , Labrue, Meyer, Cramer, Lecerf, Courras, Etcheverry, Lacroix, Rousse, Bascary, Leger, Lebas, Iffland, Beaudein, Portal frères, Elissalde, etc.

4° Le saccage des établissements français, sur la rive gauche de la Plata, depuis l'invasion du territoire Oriental à la fin de 1842. Parmi ces victimes, dont un grand nombre ont été massacrés par les hordes de Rosas, il faut comprendre MM. Rubin, Vachette, Lermitte, Reboul, Ballesteros, Reverbel, Isnard, Laplace, Dupuis, Apesteguy, Goycochea, Monfetan, Ypar, Picot, Bertrand, J. Etcheverry, Balestier, Castaignet, Frocham et presque tous les propriétaires français. En un seul jour, en 1845, trente-trois Basques français, occupés uniquement des travaux agricoles , ont été égorgés. Tous les journaux ont retenti du récit des cruautés exercées sur les malheureuses victimes du Durazno.

Tous ces crimes n'ont été ordonnés par Rosas qu'en haine de l'émigration française.

(1) A cette époque, Oribe était, depuis près de quatre ans, président de cette République. Sans doute, malgré ses préférences pour Rosas , il n'avait pas encore osé se joindre au dictateur contre la France, mais il cherchait secrètement à nous contre-carrer, à entraver les opérations de notre escadre. Enfin, en septembre 1840, il se porta contre nous à un acte d'agression en ordonnant de faire feu sur nos embarcations. Quelques-uns de nos marins furent tués ou blessés. La population Montevideenne, sympathique à la France, s'indigna de cette conduite d'Oribe ; celui-ci jugea qu'il était prudent d'abdiquer son pouvoir présidentiel , ce qu'il fit solennellement,

peut-être de détruire les résultats déjà obtenus, et aussi d'entaver l'émigration française sur le fertile territoire de l'Uruguay (1).

3° En 1841, la France et l'Angleterre commencent à s'émouvoir des projets ambitieux du despote argentin. La prospérité toujours croissante de Montevideo porte évidemment ombrage au dictateur. L'Angleterre prend l'initiative. — Sa diplomatie intervient, elle engage Rosas à abandonner des idées qui auraient au moins pour résultat de troubler le commerce britannique dans cette partie du monde (2).

L'année suivante, nouvelle tentative de médiation de la part des plénipotentiaires français et anglais (3).

Pour toute réponse, malgré les protestations et les sommations de ces

(1) Dans aucun pays du monde, pas même dans les États-Unis, il n'existe d'exemple d'un tel progrès. En 1828, la population totale du pays était de 50,000 âmes ; en 1842, elle était de 180,000. Sur ce nombre, il y avait plus de 50,000 étrangers, dont presque la moitié était Français.

(2) Entre autres pétitions du commerce anglais, nous citerons la suivante :

Les négocians anglais de Liverpool, faisant partie de l'Association Mexicaine et Sud-Américaine, établie en cette ville, ont l'honneur de représenter respectueusement au très honorable comte d'Aberdeen, ministre d'Etat de S. M. B. au département des affaires étrangères :

1° Que le commerce de Montevideo augmente rapidement de valeur et d'importance pour la Grande-Bretagne. Cette vérité ressort évidemment d'un fait extraordinaire qui n'avait pas échappé au prédécesseur de V. S. ; c'est que ce commerce s'est à peine ressenti de la levée du blocus de Buénos-Ayres, quoiqu'on s'attendît généralement à ce qu'elle l'anéantirait.

2° Que les sujets de S. M. B. résidant sur les bords de la Plata, ont tous la conviction alarmante que Rosas, le gouverneur militaire de Buénos-Ayres , encouragé par les succès qu'il vient d'obtenir sur les chefs qui avaient levé l'étendard contre lui, se propose de diriger immédiatement ses armes contre la République Orientale de l'Uruguay, avec la résolution bien arrêtée de dévaster et de dépeupler toute cette contrée, et plus particulièrement la ville de Montevideo. C'est pourquoi cette détermination de Rosas a causé la plus vive anxiété, et vos pétitionnaires ne peuvent mieux exprimer à V. S. tout ce qu'ils prévoient de terrible dans les conséquences de cette aggression du dictateur, qu'en vous priant de vous reporter aux extraits ci-joints de lettres récemment reçues de Buénos-Ayres à Liverpool.

3° Vos pétitionnaires ne doute pas que V. S. ne sache combien le caractère de Rosas est sanguinaire et cruel jusqu'à l'atrocité. Ils espèrent donc, autant par un sentiment de l'humanité que par celui des intérêts britanniques, si gravement compromis par les dangers auxquels est exposé Montevideo, que le gouvernement anglais fera quelque démonstration pour empêcher l'invasion de la République Orientale par les forces argentines. Ils ne peuvent trop insister auprès de V. S. sur la nécessité d'agir sans perte de temps.

Liverpool, le 8 janvier 1842.

Suivent les signatures.

(3) Ce plénipotentiaire Français, M. de Lurde, qui avait surtout pour mission d'obtenir du dictateur le règlement des indemnités dues à nos compatriotes, n'intervint, en cette occasion, que d'après les instructions données au plénipotentiaire de la Grande-Bretagne.

deux agents (16 décembre 1842), une armée Argentine envahit le territoire Oriental.

4° La France hésite encore à entreprendre, dans ces contrées éloignées, une guerre dont on s'est toujours exagéré l'importance et la durée.

Le gouvernement reprend les négociations. — Les missions se succèdent. — Les sommations faites à Rosas d'évacuer le territoire Oriental, et de reparer les griefs si nombreux dont se plaignent nos nationaux, deviennent plus pressantes et plus énergiques.

Le Dictateur n'en tient aucun compte; son armée ne fait pas un pas en arrière; au contraire, elle profite des hésitations du gouvernement français pour s'emparer des points qu'elle n'avait pas encore occupés.

5° Une cinquième négociation, tentée au commencement de cette année (1849), se termine par un projet de traité, qui a rencontré, dans le public comme auprès du gouvernement, une désapprobation générale. Ce traité n'eût été en effet pour la France qu'une véritable capitulation. Il sacrifiait sans pitié, notre alliée fidèle et dévouée, la Republique Orientale ; il entraînait la ruine complète et compromettait l'existence de tous les Français établis dans ces contrées.

Et cependant Rosas se promettait encore d'éluder l'exécution de toutes les clauses de ce traité qui pourraient contrarier ses projets de vengeance et d'ambition.

6° L'opinion unanime maintenant est qu'il faut en finir avec cette question.

Mais comment la terminer? c'est là que semble commencer la difficulté et où les meilleurs esprits pourraient se diviser.

Aujourd'hui, pour arriver à un résultat, il faut que la diplomatie cesse complètement son rôle. Son action est restée jusqu'ici entièrement inefficace et ne pourrait plus désormais se prolonger sans comprometre les intérêts matériels et moraux de la France.

Abandonner la République Orientale, après l'avoir entraînée dans une lutte inégale, à laquelle elle ne peut plus se dérober, serait un acte nuisible à la France. La France ne voudra certainement pas, en s'y résignant, réjouir les ennemis de sa grandeur.

Remettre à Oribe, le lieutenant et nous dirions *le compère* de Rosas, la place de Montevideo, c'est abandonner, à la merci de ces deux hommes, c'est livrer, aux poignards de leurs Mas-horcas, tant de Français qui résident encore dans cette ville (1).

(1) Les dernières négociations avec Rosas et la continuation d'un siége qui dure depuis sept années, ont forcé une partie de la population française à s'éloigner momentanément pour ne pas mourir de faim, mais un grand nombre de nos compatriotes ont laissé à Montevideo leurs femmes et leurs enfants.

Les correspondants les plus dignes de foi annoncent, à la date du 21 août dernier, que le chiffre de nos nationaux était encore d'environ sept mille.

Le *Patriote français*, la plus ancienne feuille française à Montevideo, donne, dans un numéro du 29 juillet 1849, le dénombrement des résidents français à cette époque :

« Les ennemis de la cause orientale, dit ce journal, ne reculent devant aucun mensonge ni devant aucune calomnie..... Il n'y a plus, disent-ils, que quelques Français à Montevideo, etc.

La guerre est donc le seul moyen d'en finir promptement et hono-rablement. Les hommes compétents affirment que le succès est cer-

» Nous leur répondrons par des chiffres. Nous défions M. Emile de Girardin et ses amis d'ici de les contester.

	FRANÇAIS comprenant hommes, femmes et enfants.
» 1° La 2° légion de la garde nationale (légion fran-çaise).	990
» 2° Les sédentaires appartenant à cette légion dépas-sent	400
» Ils sont dispensés du service actif à cause de leurs blessures.	
» 3° Le régiment de chasseurs basques français. . .	613
» 4° Le nombre des femmes et des enfants des légion-naires français et des sédentaires est au moins de . . .	1,300
» 5° Femmes et enfants des chasseurs basques	990
» 6° Familles françaises nécessiteuses, non armées, auxquelles des rations sont distribuées au consulat général de France	500
» 7° Familles malheureuses qui obtiennent du consul français des secours en argent	300
» 8° Négociants, marchands et artisans, ne recevant aucune espèce d'assistance, au moins	1,200
Ce total est plutôt au-dessous qu'au-dessus de la réalité.»	6,293

Trois négociants français que je pourrais citer et qui sont arrivés au Havre par le *Parana*, le 24 octobre, m'ont affirmé que le nombre de Français actuellement à Monsevideo dépasse de beaucoup le chiffre ci-dessus. Ils m'ont assuré qu'ils étaient tout prêts à donner, à cet égard, les détails les plus positifs, soit à une commission de l'Assemblée, soit à M. le Ministre des affaires étrangères.

Ainsi donc, depuis le commencement de cette année (1849), la population française fixée sur le territoire de la République Orientale a éprouvée une diminution de près de moitié, et, à partir de 1843, cette diminution a été des deux tiers.

Les véritables causes du déplacement momentané de cette population se trouve suffisamment expliqué dans une lettre écrite à M. le président de la République française à l'occasion de son message d'ouverture de l'Assemblée législative.

Cette lettre est conçue en ces termes :

Paris, le 4 juillet 1849.

Monsieur le Président de la République française,

Le message que vous avez adressé à l'Assemblée législative, est un nouveau témoignage de votre active sollicitude pour cicatriser les plaies de la patrie, et pour replacer la France au rang glorieux qui lui appartient parmi les puissances des deux hémisphères.

J'ose donc espérer, au nom de 20 mille français établis sur les rives de la Plata, dont je suis ici le représentant, que cette question dans laquelle leur vie et leur fortune sont engagées, dans laquelle l'honneur de la France a eu tant à souffrir, sera bientôt résolue d'une manière honorable. La mention particulière que vous avez donnée à cette grave affaire, atteste encore l'intention bien arrêtée de mettre un terme aux faiblesses, aux hésitations qui ont eu de si fâcheux résultats.

Mais permettez-moi, M. le Président, de vous expliquer les causes du déplacement d'une partie de la population, et d'établir que ce déplacement n'est que passager, et que, lorsque la paix sera rétablie, cette population doit revenir à Montevideo et sur le

tain avec un très petit nombre de soldats , surtout aujourd'hui que le Paraguay vient d'offrir à la France , avec les ressources en tous

territoire oriental. Ces circonstances (c'est ainsi que j'interprète les termes de votre message) doivent être prises en grande considération, au moment où vous devez arrêter une résolution prompte et décisive.

Quelques exemples récents suffiront pour démontrer cette vérité. En 1843, le siége de Montevideo et le défaut de toute protection obligèrent nos nationaux à prendre les armes. A cette époque, eut lieu aussi une nombreuse émigration parmi les travailleurs français.

En 1845, à la nouvelle de l'intervention anglo-française , tous les travailleurs, ayant foi surtout dans l'action de la France, quittèrent spontanément le Brésil et Buénos-Ayres, où, comme aujourd'hui, ils s'étaient réfugiés pour pourvoir à leur existence. Tous revinrent à Montevideo, parce qu'ils y retrouvaient leurs familles, leurs propriétés, leurs habitudes, leurs sympathies, et que le commerce ayant repris par l'ouverture du Parana à la suite du brillant combat d'Obligado, ils y pouvaient vivre facilement de leur travail.

En 1846, la mission Hood paralysa de nouveau les affaires à Montevideo et alors eut lieu une seconde émigration. En 1847, la mission de M. Walewski et les déclarations de ce plénipotentiaire en faveur de l'indépendance de Montevideo, inspirèrent encore une fois confiance et firent revenir, dans cette ville, toute la population qui s'en était éloignée. Le commerce, sans être florissant comme en temps de paix, était cependant suffisant pour faire vivre les travailleurs. Mais, en 1849, l'amiral Leprédour fut chargé d'une mission qui fit de nouveau naître de cruelles inquiétudes ; l'amiral annonça en effet, en quittant Montevideo le 8 janvier, qu'il n'avait aucune mission auprès du général Rosas, et son premier acte à son arrivée à Buénos-Ayres fut de déclarer qu'il était chargé de négociations auprès de ce gouvernement.

Cette déclaration seule suffit pour effrayer tous les capitalistes, et le commerce fut bientôt dans une stagnation complète ; d'autant plus que, quelques mois auparavant, le blocus de Buénos-Ayres avait été levé par l'amiral français, et que le décret par lequel il mettait en état de blocus tous les ports orientaux, occupés par les forces argentines, n'a jamais été exécuté. Les travailleurs se virent donc, pour la troisième fois, dans la triste nécessité de s'éloigner pour ne pas mourir de faim. Tous ces faits prouveront clairement que l'émigration de nos nationaux de Montevideo a suivi les phases des tergiversations du gouvernement français. Ils sont revenus au premier indice d'une attitude digne de la France.

Cette prédilection pour la République Orientale s'explique facilement :

1° Par les sentiments sympathiques que le gouvernement et la population indigènes ont toujours témoignés aux Français, tandis que ceux-ci ne rencontrent à Buénos-Ayres et dans la République Argentine, qu'une antipathie systématique qui constitue toute la force du gouvernement de Rosas.

2° Par l'importance des intérêts français dans l'Etat Oriental. Là , est la vie, le commerce, la fortune de nos nationaux. Les 19|20° des propriétés rurales et des intérêts commerciaux des Français dans l'Amérique du Sud sont à Montevideo et sur le territoire Oriental. Cette fortune s'élève à plus d'une centaine de millions de francs, comme je l'ai établi sur des documents certains dans une brochure que j'ai publiée il y a peu de mois.

Ainsi, M. le Président, une partie de la population française n'a quitté Montevideo que parce qu'elle ne pouvait plus y vivre, chose facile à comprendre après les rigueurs d'un siége de sept ans. Elle abandonne momentanément Montevideo, en y laissant ses propriétés sans valeur et sans action possible à cause de la guerre, pour aller vivre

genres de ce magnifique pays, une armée composée de près de 20,000 hommes (1).

La question financière ne saurait être un obstacle sérieux. L'envoyé extraordinaire de la République Orientale, le digne général Pacheco y Obès , lèvera cet obstacle, en faisant connaître, avec toute la loyauté qui le caractérise, les ressources et les moyens dont l'Etat qu'il représente peut disposer en temps de paix, soit pour assurer le succès d'un emprunt qui servirait à payer les frais de l'expédition, soit pour garantir à la France le remboursement des avances qu'elle ferait. La République Orientale, malgré les malheurs qui l'ont accablée, a toujours rempli ses engagements avec la plus scrupuleuse exactitude. Elle n'a aucune dette constituée.

Reste donc la question politique qui n'est pas non plus un empêchement sérieux, ainsi que le soussigné se propose de l'établir avant de conclure.

misérablement dans les pays voisins, en attendant le jour où elle pourra rentrer dans ses foyers.

Tous les efforts de la France doivent tendre à inspirer au dehors la foi dans la loyauté française. Or, l'abandon de Montevideo et de l'indépendance de l'Etat Oriental, garantie par nous, serait un démenti formel de tous nos précédents et amènerait la ruine de tous les intérêts français. — Les deux rives de la Plata seraient livrées à ceux qui nous font, depuis 12 ans, une guerre acharnée, et nous aurions sacrifié, sans profit, comme sans honneur, nos amis les plus dévoués et une population française si utile à la mère-patrie.

J'ai l'honneur, etc.   J. Le Long.

(1) La décision prise par le Paraguay a été annoncée officiellement par le chargé d'affaires de cette République près la cour de Brésil.

Il n'est pas douteux non plus que le gouvernement brésilien qui , le premier, a reconnu, il y a six ans, l'indépendance de la République du Paraguay, n'hésitera pas à intervenir à la première démarche faite par la France. Son intérêt seul lui en ferait une obligation.

Ces éléments américains démontreraient suffisamment, à défaut d'autres preuves, à certaines puissances qui pourraient être jalouses de notre influence, que notre conduite dans le Rio-de-la-Plata ne cache aucun projet de conquête.

Pour bien comprendre l'importance de l'offre du Paraguay, il faut savoir que la population de cette République est au moins de 1,200,000 âmes, et que celle de toutes les provinces réunies de la Confédération Argentine ne s'élève pas à plus de 5 à 600,000.

Les dernières nouvelles arrivées du Brésil et du Rio-de-la-Plata confirment l'attitude hostile adoptée par le Paraguay. Une division de l'armée de cette République, forte de 5,000 hommes, s'est avancée sur le territoire argentin à une distance de 20 lieues. Le gouverneur imposé par Rosas à la province de Corrientes, le général Virasoro, a été battu. Après cette affaire, les Paraguayens ont repris position sur leur frontière.

D. Carlos Lopez, le président actuel du Paraguay, a été nommé, en 1845, pour dix ans. C'est un homme de progrès; il aime beaucoup le peuple français. Un de nos braves compatriotes, ancien officier de l'Empire, n'a pas peu contribué à inspirer ces sentiments au président Lopez.

La paix rétablie, un commerce immense s'offre à nous. Les principaux produits de ce pays sont : le tabac, le maté (thé du Paraguay), l'indigo, le sucre, les bois de construction, les cuirs, etc.

Les sources du Rio Paraguay ne sont qu'à 35 pas des Amazones ! Si les rivières qui

7° La chute de Montevideo, qui porterait une si rude atteinte au nom de la France, à sa considération et à ses intérêts, ne serait que le prélude d'une catastrophe qui aurait un tout autre retentissement dans le monde.

Le Brésil, ce vaste empire de 250 mille lieues carrées, est aussi le but des desseins ambitieux, mais mal définis du Gaucho qui opprime Buénos-Ayres. Ses projets agressifs, quelqu'en soit l'objet précis, ne sont pas douteux.

Déjà, dans plusieurs provinces, et tout récemment dans celle de Fernambouc, il a cherché à soulever les nègres contre les blancs, c'est-à-dire une population de 4 millions d'hommes encore à demi-sauvages contre un million d'hommes policés. C'est l'instrument dont il veut se servir pour l'accomplissement de ses projets. Il poursuit ce système d'attaque avec une rare persévérance. La conquête de l'Etat Oriental en préparerait le succès.

8° Lorsque Rosas aura rangé, sous sa domination, toutes ces belles contrées, il jettera le masque, il ne gardera plus aucune mesure, toutes les relations commerciales seront brisées, notre commerce d'exportation sera privé de débouchés par lesquels s'écoulent nos produits (1).

Ceux de nos compatriotes que la nécessité retiendra sous ce despotisme, seront exposés à toutes sortes de persécutions, de spoliations et de barbaries (2).

se jettent dans la Plata et dont la navigation est confisquée par Rosas, étaient ouvertes au commerce européen, l'on arriverait aisément et sans frais, par le Paraguay, à établir des communications fluviales non interrompues d'un bout à l'autre de l'Amérique du Sud.

(1) Dans la République orientale, en temps de calme et de paix, nous avons exporté pour une valeur de 40 millions de francs et, dans le Brésil, pour 50 millions.

(2) Le système américain, si vanté par Rosas et ses adhérens, consiste en l'isolement, à l'exemple de Francia. Pour arriver à ce résultat, il veut étendre sa domination depuis les Andes jusqu'à l'Atlantique. S'il hait les Français, il ne déteste pas moins leurs idées qui sont le plus grand obstacle qu'il rencontre pour l'affermissement de sa tyrannie.

C'est pour cela aussi qu'il n'admettra jamais aucune espèce de transaction à l'égard de la navigation des rivières intérieures sur lesquelles il n'a cependant aucun droit fondé, pas même sur le Parana.

Les seuls principes qui puissent régir cette navigation intérieure, sont ceux qui ont été établis, en 1815, par le traité de Vienne et qui sont aujourd'hui le droit commun pour toutes les puissances civilisées.

Pour faire comprendre toute l'importance de cette navigation intérieure, il suffit de citer quelques faits récents.

Après la déclaration du blocus de Buénos-Ayres par la France et l'Angleterre, un seul convoi de 110 bâtiments marchands remonta le Parana, les uns en destination pour Corrientes, les autres pour l'Assomption, capitale du Paraguay.

Cette importante expédition fut faite sans aucun déboursé d'argent et avec des marchandises sorties des entrepôts de Montevideo, pour une valeur de plus de 80 millions de francs.

Quelques semaines après le départ de ce convoi de Montevideo, 76 de ces mêmes navires redescendaient le Parana chargés des produits du pays.

Ce seul fait suffit pour prouver l'immense avenir réservé au commerce européen dans ces contrées, avec un autre système que celui que poursuit avec tant de tenacité le tyranneau de Buénos-Ayres.

9° Un jour viendra où la mesure sera comble. Le gouvernement de ce despote ne sera plus tolérable, et, comme les circonstances viendront alors démontrer la nécessité de l'indépendance du territoire de la rive gauche de la Plata , il faudra bien recourir aux armes et arriver au dénouement que nous demandons aujourd'hui.

Mais alors, ce sera une guerre sérieuse, sans alliés, sans les secours de toute nature que nous assure la République Orientale; ce ne sera plus 3 mille hommes, mais 20 ou 25 mille qu'il faudra envoyer pour soutenir et terminer cette guerre avec succès. Une démonstration de forces si imposante éveillera, bien plus que l'expédition demandée aujourd'hui, les susceptibilités de certaines puissances.

Aujourd'hui, on ne peut nous supposer aucun but de conquête. Plus tard, la conquête et la conservation de certains points de défense deviendraient une nécessité.

10° Ainsi, en ajournant la solution de la question, on la complique, on la rend menaçante même au point de vue du maintien de la paix.

Mais qui donc aujourd'hui oserait nous menacer de la guerre, parce que nous tenterions une expédition dont le but hautement avoué serait de protéger et de défendre nos nationaux, et d'assurer l'indépendance d'un peuple ami ?

De semblables craintes ne sauraient troubler la conscience ni la haute raison des membres de la commission.

L'Angleterre, en effet, dont la susceptibilité devient presque de la jalousie, quand il s'agit de la puissance et de l'influence de la France, nous a-t-elle déclaré la guerre à l'occasion

De la conquête de l'Algérie ?

Du bombardement de Saint-Jean d'Ulloa ?

De la guerre avec le Maroc ?

Des mariages espagnols (question si grave et si irritante) ?

La France menace-t-elle de rompre ses relations amicales avec l'Angleterre, parce que cette dernière développe , d'une manière gigantesque, ses conquêtes dans l'Inde ; parce qu'elle étend sa domination sur tous les points du globe qui lui présentent des avantages ?

Pour quel motif, sous quel prétexte, le cabinet britannique pourrait-il faire un *casus belli* de notre expédition dans la Plata? Ce prétexte, ce motif n'existent réellement pas.

La guerre ? parce qu'il a plu à ce cabinet de nous abandonner en 1847 et de nous laisser continuer seuls ce que nous avions entrepris de concert avec lui et en raison de sa propre initiative en 1844.

La guerre ? parce que lord Palmerston a refusé d'achever l'œuvre de pacification commencée par lord Aberdeen.

La guerre ? parce que les plénipotentiaires de la Grande-Bretagne, d'accord avec ceux de la France, ont intimé à Rosas l'ordre de faire évacuer, par ses troupes, le territoire de la République Orientale et de cesser une lutte coupable et ambitieuse, dont le but patent était de confisquer l'indépendance de cette République (1).

Que veut donc la France aujourd'hui, si ce n'est l'exécution de ces ordres ?

La guerre ? mais si une semblable proposition était faite au sein du parlement, ce grand parti à la tête duquel se trouvent sir Robert Peel et

(1)   *Foreign-Office, le 20 février 1845,*

A M. GORE-OUSELEY,
Ministre plénipotentiaire de S. M Britannique.

Vous savez que le Brésil a insisté auprès des cabinets de Londres et de Paris pour mettre fin à la guerre qui se poursuit sur le territoire oriental ; vous n'ignorez pas non plus que la résolution adoptée par le gouvernement de S. M. britannique, de rétablir la paix, est aujourd'hui partagée par le cabinet français. Les deux pays ont résolu d'agir d'accord pour arriver à ce but, *ils auront recours à la force, si cela est nécessaire* . . . .

. . . .

, Peut-être ne sera-t-il pas indispensable de donner l'assurance au gouvernement de Buénos-Ayres que nous n'avons en vue aucun motif personnel ni exclusif. Le général Rosas le comprendra.

Tout en exhortant le général Rosas à cesser une lutte dans laquelle il se trouve lui-même partie intéressée, vous direz que le gouvernement de S. M. britannique désavoue toute pensée d'intervenir, d'une manière quelconque, dans l'indépendance de Buénos-Ayres ; le gouvernement britannique ne nie pas le droit de tout état de faire la guerre, comme puissance indépendante, pourvu que cette guerre ait lieu d'après les usages établis entre peuples civilisés et conformément au droit des nations ; mais la lutte, poursuivie par les armes argentines, se fait contre une République dont l'Angleterre est forcée de maintenir l'indépendance ; le véritable but de cette lutte est de retirer à Montevideo le pouvoir des mains de ceux qui le tiennent du vœu de la nation et de le remettre à des hommes qui n'inspiraient pas confiance. Cette circonstance seule, en effet, peut justifier l'intervention d'une puissance sous la médiation de laquelle s'est formée l'état de Montevideo. *La guerre est sans caractère national* pour ce qui concerne Buénos-Ayres. Le général Rosas, de son propre aveu, y est engagé uniquement comme auxiliaire, et non comme partie principale. Ce fait lui facilite le moyen de consentir à terminer les hostilités par la médiation de puissances amies, sans que, pour cela, il fasse le moindre sacrifice d'honneur ou d'indépendance.

Vous insisterez vivement auprès du général Rosas pour qu'il envisage cette question sous ce point de vue, et qu'en acceptant la médiation de la France et de l'Angleterre, il adopte les modes de transactions encore compatibles avec sa dignité. Vous-lui prouverez que maintenant le rejet de ces propositions serait cause de dangers et de difficultés auxquels il ne saurait échapper, sans une atteinte sérieuse à son pouvoir. Outre les réclamations de Montevideo pour le maintien de son indépendance, la prolongation de la guerre, le peu d'espoir de la voir terminer, les pertes considérables qu'elle occasionne au commerce européen, et toutes les cruautés qui ont été commises depuis son origine, ont décidé le gouvernement de S. M. britannique, d'accord avec celui de France, à mettre fin à cet état de choses.

Vous donnerez au général Rosas l'assurance que, non seulement cette résolution est bien arrêtée, mais que nous avons tous les moyens d'exécution ; que l'accomplissement ne peut en être différé, à moins qu'il n'adhère, sans autre retard, aux propositions qui lui sont faites de la part de l'Angleterre et de la France. Vous ajouterez

lord Aberdeen se lèverait en masse pour dénoncer le ministère à la face pays.

Quoi la guerre! Parce que la France veut défendre et protéger ses enfants, empêcher un peuple généreux de succomber sous le despotisme le plus intolérable; parce que la France veut enfin forcer ce barbare à respecter l'humanité, à tenir ses engagements et à ne pas se jouer de la foi jurée.

La guerre! Parce que la France ouvrirait à l'Europe les plus riches contrées du globe, parce qu'elle assurerait au commerce de toutes les nations des débouchés immenses, de nouveaux et nombreux marchés et la navigation de fleuves qui ont plus de 900 lieues de parcours.

Enfin, déclarons-nous la guerre à l'Angleterre, parce qu'elle vient à l'instant même de se séparer de nous, pour la deuxième fois, en signant, avec Rosas, un traité particulier sans avoir même préalablement fait connaître son intention ?

A quel titre, pour quel grief, cette levée de boucliers, qui serait aussi ex-

qu'en agissant ainsi, vous n'avez d'autre désir que d'éviter l'adoption de mesures coërcitives contre un état avec lequel la Grande Bretagne n'a cessé d'être en relation d'amitié et non pas dans le dessein d'avoir recours aux menaces ou de tenir un langage que le gouvernement de S. M. britannique hésiterait à mettre à exécution.

. . . .

Il faut absolument observer une grande impartialité dans les propositions que vous ferez aux partis belligérants; mais le caractère de la lutte et l'absence de toute cause réelle et nationale (au moins du côté de Buénos-Ayres), rendent difficile de fixer des conditions, comme bases des négociations.

Cependant, *l'objet important pour les parties médiatrices, celui que surtout on ne doit pas perdre de vue un seul instant, c'est la conservation de l'indépendance de Montevideo. L'honneur de l'Angleterre, de la France et du Brésil est également engagé à soutenir cette indépendance. Sur ce point, aucune transaction n'est admissible.*

Buénos-Ayres n'est pas moins obligé que les puissances médiatrices de maintenir cette indépendance de Montevideo. Il n'y a aucun motif pour supposer que le général Rosas puisse hésiter à la reconnaître.

Cette reconnaissance serait cependant sans valeur tant que celui-ci persistera à soutenir le général Oribe par les armes, par l'argent ou même par toute autre influence.

. . . .

La libre navigation sur les grands artères du continent Sud-Américain serait, il faut l'avouer, non seulement un immense bienfait pour le commerce de l'Europe, mais aussi le moyen le meilleur et le plus sûr pour maintenir la paix en Amérique même.

Si on réalise l'espérance conçue, par le gouvernement de S. M. britannique et par celui de France, de terminer les hostilités par une médiation amicale, alors, je me disposerai à vous transmettre des instructions pour unir vos efforts à ceux du ministre de France, pour assurer la libre navigation de la Plata et de ses affluents.

Comme, en ce moment, cette question ne se rattache pas nécessairement au but le plus important que nous voulons atteindre, la cessation des différents existants entre les deux Républiques Sud - Américaines , vous aurez soin de n'introduire, dans cette négociation, aucune disposition, de ne prendre aucun engagement qui puisse lier le gouvernement de S. M. britannique et l'empêcher de négocier , par la suite , sur un sujet d'un aussi grand intérêt. ABERDEEN.

travagante qu'inique, alors que l'Angleterre nous a rendu notre liberté d'action ?

A-t-elle, encore tout récemment, fait la guerre à Rosas, parce que celui-ci a refusé de recevoir ses agents diplomatiques et consulaires ; parce qu'il leur a prodigué l'insulte en plusieurs occasions ?

Lui a-t-elle déclaré la guerre enfin pour avoir fait égorger l'officier de marine Wardlaw, débarqué près de Buénos-Ayres sous la sauvegarde du pavillon parlementaire ?

Non, je le répète, l'Angleterre ne nous fera pas la guerre.

A l'époque où nous vivons, il existe, parmi les nations civilisées, un sentiment d'équité, ou au moins de pudeur, qui ne permettrait pas à un gouvernement de troubler la paix du monde par des prétentions exagérées et des susceptibilités mal fondées.

Un souverain, quel qu'élevé qu'il soit, un ministre, quelle que soit sa puissance, n'entraînent plus, par un simple sentiment de rivalité jalouse, les peuples qu'ils dirigent dans les hasards et les périls d'une guerre injuste.

D'ailleurs quelle que soit l'importance que l'Angleterre attache à ralentir les progrès de notre commerce et de notre émigration dans l'Amérique du sud, son opposition ne peut aller jusqu'à mettre le monde en feu pour un objet aussi secondaire.

CONCLUSION.

Le soussigné croit avoir démontré à Messieurs les membres de la commission que la France ne saurait sacrifier la vie et la fortune de nos compatriotes ;

Qu'elle ne peut abandonner la cause de la République Orientale qui s'est compromise, pour la France, dans la lutte maintenant engagée ;

Que des mesures énergiques sont, dorénavant, le seul moyen de terminer réellement et honorablement cette question de la Plata ;

Que la guerre contre Rosas n'exige pas, en ce moment, un grand déploiement de forces, ni des dépenses considérables ;

Qu'on ne peut raisonnablement supposer que cette intervention, si justement motivée, puisse troubler les relations pacifiques qui existent avec les autres puissances ; mais que, plus tard, cette guerre, devenue inévitable, serait une grave entreprise qui entraînerait à des frais incalculables, et pourrait alors compromettre l'état de paix que toutes les nations de l'Europe s'efforcent de maintenir au prix de tant de sacrifices.

L'auteur de ce mémoire attend donc, avec une respectueuse confiance, dans l'intérêt de la population si honnête, si dévouée et si malheureuse qu'il représente, la décision qui sera suggérée aux honorables membres de la commission par leurs sentiments de patriotisme éclairé, décision que l'Assemblée législative ne peut manquer de confirmer par son vote, et dont le pouvoir exécutif profitera, nous en sommes convaincus, pour protéger efficacement, dans leur vie, leur fortune et leur honneur, des milliers de Français.

J. Le Long.

Paris, le 11 Octobre 1849.

Imp. de Madame de Lacombe, rue d'Enghien, 14.

www.ingramcontent.com/pod-product-compliance
Lightning Source LLC
Chambersburg PA
CBHW061219050726
47594CB00008B/3710